이 순간을
말한다면 __유럽

이 책은 오디오북 입니다.
각 장의 소제목 옆에 있는 QR코드를 통해
유럽의 감성을 귀로 담을 수 있습니다.
스마트폰의 QR코드 스캔앱, 네이버 QR코드 스캔을 통해 웹사이트로 이동하거나
Youtube 링크로 바로 넘어갈 수 있습니다.

이 순간을
말한다면 _유럽

김혜인 지음

🎧 유럽여행 에세이 오디오북

harmonybook

가수 에일리가 지난해 수험생들을 위해 SNS에 올려
화제가 된 글이 있다.

New york is 3 hours ahead of California,
but that doesn't make California slow.
뉴욕은 캘리포니아보다 3시간 빠릅니다.
하지만 그렇다고 캘리포니아가 뒤처진 것은 아닙니다.

Someone graduated at the age of 22,
but waited 5 years before securing a good job.
어떤 사람은 22세에 졸업했습니다.
하지만 좋은 일자리를 얻기 위해 5년을 기다렸습니다.

Someone become a CEO at 25,
and died at 50.
어떤 사람은 25세에 CEO가 됐습니다.
그리고 50세에 사망했습니다.

While another became a CEO at 50,

and lived to 90 years.

반면 어떤 사람은 50세에 CEO가 됐습니다.

그리고 90세까지 살았습니다.

Everyone in this world works based on their time zone.

세상의 모든 사람들은 자기 자신의 시간대에서 일합니다.

People around you might seem to be ahead of you,

some might seem to be behind you.

당신 주위에 있는 사람들이

당신을 앞서가는 것처럼 느낄 수 있습니다.

어떤 사람들은 당신보다 뒤처진 것 같기도 합니다.

But everyone is running their own race, in their own time.

하지만 모두 자기 자신의 경주를 자기 자신의 시간에 맞춰

하고 있는 것뿐입니다.

Life is about waiting for the right moment to act.

인생은 행동하기에 적절한 때를 기다리는 것입니다.

So relax.
그러니까 긴장을 푸세요.

You are not late.
당신은 뒤처지지 않았습니다.

You are not early.
이르지도 않습니다.

You are very much on time.
당신은 당신의 시간에 아주 잘 맞춰가고 있습니다.

(출처 : 레딧 @Stryker07, 에일리 인스타그램)

　세상 모든 사람은 자신의 시간대에서 일하고 있으니 현재 나의 인생 속도에 대한 고민은 큰 문제가 될 게 아니며 긴장을 풀어도 된다고 말하고 있다.

　그럼 나는 과연 긴장을 풀어도 될 것인가?

　나 또한 여느 청춘, 현대인과 마찬가지로 내 인생의 속도감에 대한 불안함이 있었다. 해야 할 일과 하고 싶은 일, 곧 서른을 바라보는 이십 대 후반이라는 시점에서 내려야 할 선택의 기로에 놓여 멈춤과 진행, 현재와 미래 사이에서 늘 긴장의 연속이었다.

졸업한 후 4년 동안 초등학교 때부터 꿈꿔온 '방송'이라는 한 분야만 보고 살아왔다. 방송국 리포터라는 직업으로 나름 하고 싶은 일을 하며 지내왔지만, 어딘가 모르게 어색하고 채워지지 않은 삶을 사는 것 같았던 때가 있었다. 외로우면서도 행복하고 자유로우면서도 치열하며 뜨거우면서도 차가운 이 필드에서 조금은 벗어나 멈춰봐야겠다고 생각했다. 어쩌면 지금의 멈춤이 영원한 멈춤이 될 수 있는 가능성도 적지 않았지만 멈춰보지 않으면 다른 가능성을 보지 못해 후회할 수도 있으니까.

퇴사 후 이틀째 되던 날 독일행 비행기에 몸을 실었다. 생각보다 괜찮았고 생각보다 아무 일도 일어나지 않았으며 생각보다 괜찮은 선택이었다. 독일, 프랑스, 스위스, 이태리, 바티칸을 다니며 한 달이라는 시간 동안 편하기도 불편하기도 한 크고 작은 일들이 일어났는데 우연인지 운명인지 삶은 나에게 '괜찮다'라고 말해주고 있었다.

그래서 멈추기로 마음을 먹고 떠난 인생의 첫 유럽여행 중 내가 긴장을 풀 수 있었던 순간을 모아 여행에세이라는 독립출판물을 내보기로 했다. 이 책을 통해 말하고자 하는 것은 퇴사 하고 여행을 떠나는 일은 생각보다 괜찮으니 위험을 감수하고서라도 떠나라는 것이 아니다. 인생에 선택의 기로가 왔을 때 현재를 멈추거나 또는 나아가는 것에 대한 옳고 그름을 판단할 수 있는 사람은 오로지 자신밖에 없다고 생각한다.

그저 여행 중 느꼈던 '긴장완화'의 순간을 엮어 만든 이 책을 보고 집에서든 카페에서든 학교에서든 여행지에서든 '긴장완화'를 독자들도 함께 느꼈으면 하는 바람이다. 이 책을 읽는 순간만큼은 긴장을 풀어보았으면 한다.

흔히 '유럽'이라 하면 '멋지다', '화려하다'를 떠올릴지도 모른다. 나 또한 파리의 에펠탑, 이태리의 콜로세움과 같은 랜드마크를 보면서 감탄하느라 입을 다물지 못했다. 유럽의 문화유산들은 정말 화려하고 웅장했으며 내가 작게 느껴질 만큼 사람을 겸손하게 만드는 대단한 존재였다. 하지만 이번에는 우리 머릿속에 있는 유럽의 대단한 존재들에 대한 이야기를 최대한 줄여보았다.

 세상 대부분 사람이 그리는 에펠탑의 환상이 있을 것이다. 비 오는 날의 에펠탑을 보며 거리를 걷는 것이 버킷리스트거나 꼭 사랑하는 연인과 훗날 다시 찾을 것이라는 로맨틱한 다짐, 내 마음속의 인생샷을 찍고 싶은 장소 1위처럼 에펠탑에는 각자의 환상이 있다. 굳이 언급하지 않아도 감동이 넘치는, 각자의 환상이 담긴 유럽의 랜드마크를 기대했다면 조금 실망할 수도 있다.

 대신 보편적인 여유를 눈과 마음에 담을 수 있을 것이다.

이 순간을 말한다면,

그러니까 괜찮다고 말해주는 유럽의 어느 골목과 자연,
그리고 사람들의 모습이 전해주는 여유일 것이다.

차례

So, relax!
그러니까, 긴장을 푸세요,

유럽에서의 한 달 동안
긴장을 풀 수 있었던 순간들을 담았습니다.

나도 긴장을 풀어도 되는구나 라고 느끼게 해줬던
그래서 마음이 꽤 괜찮았던 순간들.

독일

베를린

제2의 뉴욕, 예술의 중심

힙스터들이 몰려드는

가난하지만 섹시하다(by, 클라우스 보베라이트)

자유로운 공기

봄날처럼 다가온

누구나 잊을 수 없는 장면 하나쯤은 간직하고 있다.

어디든 화사함을 감추지 못했던 베를린의 첫인상.
내가 잊지 못하는 그 날이다.

베를린 중앙역에 도착하자마자
설명할 수 없는 끌림과 함께
이곳에 살고 싶다는 생각이 들었다.
가장 기대를 했던 도시였는데 기대가 크면
실망이 큰 법이라고 하지 않던가.

하지만 베를린은 기대 이상이었다.

우리가 사는 지금 시대는 과하거나 부족하거나
대부분 둘 중 하나인데 이곳은 부족함도 넘침도 없다.
사람들이 많지만 복잡함이 없고 적당히 활기를 띤다.
호흡이 빠르지 않고 여유로우며
위화감이 전혀 들지 않는다.

시내 곳곳에 카리스마 넘치는 문화유산들이
자리 잡고 있지만
현대적인 예술과 세련미도 공존한다.

사람들이 지금 갈망하고 있는 것은 어쩌면
'적당함'이 아닐까.

이미 넘칠 대로 넘치는 자극적인 것만이 드러나는
현대 시대에 조금은 지쳐
많은 사람이 힐링을 찾아 떠나고 있다.
아날로그 시대가 그립지만
우리가 누리던 많은 것들이 갑자기 사라진다면
그것 또한 불편할 것이다.

베를린이 보여준 것은 지금 내게도 필요한 적당함이었다.

우연히 만나본 베를린의 적당함이, 화사함이
어느새 찾아온 봄날처럼 무척 반가웠던 그 날.

얼마나 더 부드러울 수 있을까,

실크처럼 부드러운 베를린의 밤

지금으로부터 17년 전, 11살 때 그녀를 만났다. 그때부터 우린 단짝이었고 중학교, 고등학교는 다른 곳을 가게 됐지만, 대학교 때 같은 캠퍼스에서 다시 만났다. 14살 때 함께 찍었던 스티커사진이 남아 있는데 어떤 깊은 의미를 두고 한 말인지 간절한 꿈이 있었는지 알 순 없으나 '우리 같이 유학 가자'라는 말을 써 놓았다.

그리고 정확히 10년이 흐르고 스물네 살이 되었을 때 같은 시기 같은 국가, 가까운 주로 교환학생을 가서 의도치 않게 우리의 꿈을 이뤘다. 멀리 떨어져 있을 때도 가까이 있을 때도 항상 함께였지만 생각해보니 작정하고 낯선 곳에 여행을 간다거나 맥주를 마시며 삶에 대해 얘기해 본 적은 한 번도 없었다.

어릴 때부터 외국에 나가서 살고 싶어 했던 그녀는 최근 독일 쾰른에서 직업을 구했고 내가 현실을 박차고 자신 있게 유럽으로 여행을 올 수 있게 만든 것도 그 타이밍 덕분이 크다. 이렇게 처음으로 방문하는 유럽의 나라가 독일이 됐고 쾰른에서 일주일을 머문 후 주말에 함께 기차를 타고 베를린으로 온 것이다.

쾰른과는 사뭇 다른 베를린의 모습에 색다른 재미와 충분한 만족감을 느끼며 숙소가 있는 미떼지구 근처부터 천천히 걸어보았다. 높은 하늘 위로 우뚝 솟은 베를린 TV탑, 멀리서부터 보기만 봐도 가슴이 뛰던 웅장한 브란덴부르크문, 그 유명한 베를린 장벽 등을 보며 오랜만에 함께 하는 시간을 가졌다.

특별한 여행 속에 크게 달라진 건 없었지만 새삼 시간이 참 많이 흘렀다는 것을 깨달았다. 어느새 우리가 가진 자유라는 것이 훌쩍 커버려서 삶의 방향을 스스로 정하고 서로 먼 도시를 여행하며 추억상자에 넣어두던 17년 묵은 이야기들까지 꺼내 깔깔 웃고 있는 모습이 참 신기했다.

그래서 베를린에서의 마지막 날 밤, 이제 헤어지면 또 오랫동안 못 볼 그 시간이 너무 아쉬웠다. 그 날 아침부터 하루 종일 베를린을 돌아보면서 옛날이야기를 하다 저녁시간을 놓쳐버렸고 우리는 허기를 채워 이백 퍼센트 만족하게 해줄 정말 맛있는 저녁을 먹고 싶었다.

길이 닿는 대로 걷다보니 우연히 만난 하케쉐르 마켓. 대부분의 상점이 문을 닫아 깜깜한 밤에 하케쉐르 마켓 안뜰로 들어가니 또 다른 세상이 있었다. 늦게까지 문을 연 주황 불빛을 띠는 음식점들이 즐비해 있었고 이곳의 분위기를 만들어주는 버스킹 공연들도 볼 수 있었다.

마음에 드는 곳에 앉아 음식을 시켰고 화이트 와인 두 잔과 함께 이번엔 우리의 미래에 대해 진지하게 얘기를 나눴다. 앞으로 결혼을 언제 할 것인지 해서는 어디에서 정착해 살고 싶은지 지극히 현실적인 주제였으나 우리는 지난날처럼 또 하나의 꿈같은 바람을 살포시 얹기도 했다.

우리에게 펼쳐질 남은 시간 그 어느 점에 또다시 이렇게 세계 어딘가에서 마주했으면 한다고. 그럼 오늘 밤처럼 행복한 시간을 좀 더 자주 가질 수 있지 않겠냐고 소소하고도 확실한 행복을 빌고 있었지만 정말 큰 행운이 따라줘야 이뤄질 수 있는 바람이란 것을 우리도 알고 있었다.

하지만 삶은 생각했던 것보다 아주 드라마보다 더 드라마틱하다는 것도 이제 알고 있다. 10년이 지나 중학생 때 슥 하고 적어본 여덟 글자의 꿈이 마법같이 이뤄진 것처럼 또다시 행운이 우릴 찾아올 거라는 믿음으로 살아가고 있는 것.

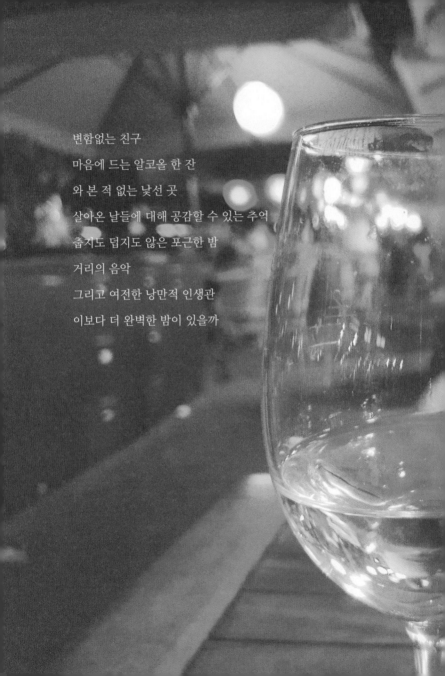

변함없는 친구

마음에 드는 알코올 한 잔

와 본 적 없는 낯선 곳

살아온 날들에 대해 공감할 수 있는 추억

춥지도 덥지도 않은 포근한 밤

거리의 음악

그리고 여전한 낭만적 인생관

이보다 더 완벽한 밤이 있을까

프랑스

파 리

낭만이 깃든

한때 세계를 이끌던 유행은 이곳에서

역사를 기억하는

파리지앵의 삶이 선명하게 담긴

한적한 공원마저 화려한 도시

약간만 벗어나면

에펠탑에서 대중교통으로 40분 정도를 가다 보면
파리의 16구에 위치한 볼로뉴 숲이 나온다.
화창하고 평화로운 이곳에선 카누를 타거나
풀밭 위에서 피크닉을 하는 파리지앵들을 볼 수 있는데
볼로뉴 숲을 산책하다 보면 화려했던 파리 시내와는
완전히 다르다는 것을 알 수 있다.
파리에 대한 환상을 가득 안고 파리에 도착했건만
파리 같지 않은 파리의 한 켠을 발견하고
한눈에 반해버린 내 감정은 모순일까.
모순이라고 해도 부정할 순 없었다.
전날까지만 해도 복잡하지만 웅장하고
멋진 파리의 분위기에 취해 있었지만
지금은 그림처럼 우거진 숲과 부드러운 햇살이
이미 나를 감싸 안고 있으니
오늘은 그저 볼로뉴 숲이 가진 안정감을
온몸으로 느끼기만 하면 된다.

작은 배를 타고 도착한

볼로뉴 숲의 어느 프렌치 식당

뤽상부르공원

세상에서 가장 편안한 자세를

취하고 있는 사람들

프랑스

노르망디

인상주의의 성지

독특한 빛으로 유명한

대신할 수 없는 것

클로드 모네가 마흔세 살의 나이에 장만한
지베르니의 집과 정원.
죽는 날까지 이곳에서
정원의 풍경을 그리는 일을 하며 살았다고 한다.

5월의 화창한 지베르니 정원이
그렇게 아름답다고 하는데
내가 만난 9월의 보슬비가 내리는 지베르니는
화사하진 않았지만, 마음을 고요하게 만들어주는
한 폭의 그림 같았다.

비에 젖은 꽃잎을 볼 때면
세상에서 가장 깨끗한 마음을 가지게 된다.
불안, 걱정은 모두 없어지고
그 무엇보다도 선명한 꽃들의 색채를 보며
꽃들을 무척이나 사랑하고 있는 마음을 알게 된다.

정원은 여전히 모네의 손길이 느껴질 만큼 잘 가꿔져 있어

그가 얼마나 풀과 나무 그리고

풍경을 마음껏 그리고 싶어 했는지 알 수 있었다.

이렇게 아름다운 것을 미술로 표현하고 싶던 욕구는

얼마나 강했던가.

하지만 그는 말년에 결국 이렇게 말했다고 한다.

그 어떤 색감으로도 식물의 아름다움을

대신할 길이 없다고.

모네의 물의 정원

모네가 직접 가꾸었다는 꽃의 정원

모네의 작업실

프랑스

니스

코트다쥐르 (푸른 바다라는 뜻), 프랑스 남동부 해안

40분 거리엔 영화의 도시 깐느

프랑스와 이탈리아의 접경지역

떠오르는 해가 품어주길

고등학교 때 난 항상 등교 시간이 새벽 5시였다.
자의적으로 선택한 등교 시간이었기에
당연히 괴로움은 없었다.
사람이 거의 없는 살짝 어두운 새벽길을 걸을 때면
아무도 못 보는 무언가를 내가 발견할 것만 같았다.
전교생 중 가장 먼저 도착해 첫 교실의 불을 켤 때면
하루의 시작이 신이 났다.

여전히 나의 아침 사랑은 계속되고 있나 보다.
오늘은 남프랑스의 두 도시를 가야 하니 더 일찍 일어나
버스 정류장으로 향했다.
아직 출근 시간이 되기 직전이었는데
저 멀리 해가 막 뜬 모습을 보니
이 기쁨을 누군가에게 전하고 싶어졌다.

얼른 일어나 이 상쾌함을 좀 맛보라고.
오늘은 또 오늘의 해가 힘차게 뜨고 있다고.

니스의 밤이 얼마나 아름다운지.

온종일 사람들이 북적이는

니스광장과 구시가지, 신시가지.

해가 질 때쯤이면 넘치던 에너지의 템포를 조금 늦추고

핑크빛 니스의 노을에 모두 취할 것이다.

그렇다고 해서 사람들의 소리가 사라지는 것은 아니다.

이제 막 음악의 기승전결이 끝나는 리듬처럼

이 도시의 데시벨이 조금씩 낮아진다.

그리고 이젠 서로 속삭이듯 니스의 밤을 맞이한다.

니스의 마지막 밤이자 프랑스에서의 마지막 밤

니스광장을 바로 앞에 두고 버스킹 연주와 노래로

손님들을 끌고 있는 음식점 중 가장 맑은 목소리가

들리는 곳으로 들어갔다.

짙은 남색으로 푸르렀던 저녁 하늘이
검은색으로 변하는 동안 그들의 공연이 계속됐고
그사이 구름 대신 하늘엔 별들이 대신했다.
난 그날 저녁 꽤 오래 그 식당에 머물렀다.
어떤 여행이든 마지막이 있기 마련이고
머물렀던 도시와 마지막 인사를 하는 순간이 있다.
지금까지 해 온 도시와의 이별 중
가장 길고도 아름다웠던 시간.

오랫동안 날 보내주지 않았던
니스의 밤을 잊지 못할 것 같다.

프랑스

에즈

니체 <자라투스트라는 이렇게 말했다>

푸른 지중해를 끼고 있는 중세마을

Eagle's Nest(독수리의 둥지), 해발 427m

좁은 길로 나아가다 보니

이런 곳엔 어떤 사람들이
무슨 사연을 가지고 살아가고 있을까?

아마도

같은 공간을 밟고 있지만
우린
전혀 다른 생각을 하며 서 있겠지.

프랑스

망통

Menton의 어원 `레몬의 바위`

상큼한 노란빛의 도시

프랑스 영화감독 장 콕토
(현대판 레오나르도 다빈치)의 박물관

닿고 싶을 때

에즈빌리지에서 버스를 타고 40분 정도를 가다 보면
모나코를 지나 망통에 도착한다.
프랑스와 이탈리아의 국경이 만나는 곳에 있는
망통은 겨울에도 따뜻하며
레몬으로도 유명해 매년 2월이면
레몬 축제가 열리는 곳이기도 하다.

망통 역에 내려 생 미셸 성당을 향해
해변을 따라 쭉 걸으니
잔잔하게 반짝이고 있는 바다를 볼 수 있었다.

이날은 날씨가 참 맑았는데
망통에 들어오니 망통 해변에만 구름이 걸려있었다.
옅은 안개 같기도 한 구름은 지금 바라보는 망통 해변을
좀 더 운치 있게 만들어주기 위해 누군가가 일부러
걸어놓은 것 같았다.

대부분 노란색을 띠고 있는 망통의 건물들은
적당한 거리를 유지하고 있었다.
너무 좁지도 너무 넓지도 않은 망통의 골목들과
골목에서 몇 걸음만 떼면 보이는
망통의 해변을 왔다 갔다 하면서
생미셸 대성당으로 오르는
입구에 도착했다.

생미셸 성당 쪽 해변 끝자락으로 갈수록
바다 건너 이탈리아는 더 가까워졌고
사람들도 많이 보이기 시작했다.
그런데 신기한 것은 사람이 많아도
이곳은 조용하고 한적했다.
누구 한 명 소리 높여 말하는 사람이 없었으며
마치 이곳은 조용한 휴식을
원하는 사람들만이 찾아온 것 같았다.

아기자기하면서도 고유의 한적함이 있는
망통의 매력에 푹 빠져
빨리 더 올라가서 이곳의 전경을 보고 싶었다.
생미셸 대성당으로 오르는 입구에서
대략 스무 개의 계단을 밟고는
뒤로 돌아 시선을 해변으로 떨궈 보았다.
골목 건물들 사이로 보이는 망통 해변의 한 조각이 그림 같았다.

생미셸 대성당 꼭대기에 올라가
망통의 모든 모습을 보는 것도 좋았지만
그림 같은 망통 해변의 한 조각을 만져보고 싶었다.
오르던 계단을 다시 내려가
작은 물고기들이 보일 만큼
희고 투명한 물속에 발을 담가
망통 해변과 좀 더 가깝게 교감했고
신발을 벗고 맨발로
뜨거운 모래사장을 걸어보기도 했다.

발바닥에서 느껴지는 그 뜨거움은

마치 망통이라는 도시를 향한

나의 마음 같았다

그때 깨달았다.

뜨거움과 긴장 완화가 공존할 수 있다는 것을.

걷고 있으면 레몬 향이 가득한

망통의 골목

스위스

인터라켄

\# 산악마을

\# 웅장한 대자연의 짜릿함

\# 알프스산맥의 파노라마

보고 있어도

내일 아침엔 눈을 뜨면 아무도 모르는 곳,
수채화 같은 풍경을
마음껏 볼 수 있는 침대에서 일어나길.
한 번쯤 상상해보지 않을까?

스위스 그린델발트는 아무도 모르는 곳은 아니지만
바라보고 있으면 혼자만의 세상이 가능한 곳이다.
아무도 방해하지 않고 오직 정직한 자연의 초록색을
뽐내는 산맥들과의 교감만이 존재할 뿐이다.
사랑하는 사람을 보고 있어도 또 보고 싶은 맘처럼
보고 있어도 또 보고 싶은
그래서 지금 여기가 딱 좋다는 마음이 들게 하는
그린델발트.

뷰가 너무 좋아서 숙소에 계속 머무르고 싶지만
밖으로 나와 마을을 걸어보면 스위스가 가진 자연이
이것이 다가 아니라는 것을 알게 된다.

스위스 전통가옥인 샬레는 고즈넉하고도 신비로운
통나무집이다.

둥근 능선을 따라 샬레들이 다닥다닥 붙어있거나
하나의 샬레가 덩그러니 놓여 심장을 설레게 하는
그린델발트의 동화 같은 그룬드 마을.
그룬드에서 멘리헨으로 올라가는 길엔
워낭소리가 천지인데

눈과 귀를 설레게 하는 모든 것들이 내 혼을 쏙 빼놓고는
길을 잃어도 좋으니 이곳에선
이상한 나라의 앨리스가 되고 싶게 만든다.

비단 수채화 같은 풍경이라는 이유만으로
이곳에서 나의 모든 긴장을 풀 수 있었던 것만은 아니다.
넓디넓은 이곳은 적막이 흐르진 않았지만
내 모든 것을 다 들어줄 수 있을 만큼
차분하고 고요했기 때문에
숨소리를 맞췄고 호흡을 늦출 수 있었다.

오후 다섯 시쯤이면 굴곡진 산등성이 선을 따라

해가 지는데 신기하게도 안개가 낀 것처럼

희뿌연 색깔의 필터 효과를 준 필름 같다.

오늘 하루 어땠는지

정리할 수 있는 시간을 주는 순간이다.

랜드마크보다 끝없이 펼쳐진 형용할 수 없는 산자락들,

나무 한 그루가 더 깊이 다가오는 날이라고.

햇살에 부서지더라도

Interlaken은 '호수 사이'라는 뜻이다.
툰호수와 브리엔츠 호수 사이에 위치한 도시로
융프라우 산 등산의 거점이기 때문에
스위스의 자연을 구경하려는
많은 관광객이 모이는 곳이기도 하다.

끝이 없는 녹색지대 알프스산맥을 만나봤으니
호수는 어떨까?

사실 호수라는 단어만 들어도 설레지 않나.
뜨거운 사랑을 약속한 첫사랑 연인들의 비밀장소라거나
60년을 함께한 노부부가 벤치에 앉아
같은 곳을 바라보며 추억에 잠기거나
여섯 살 난 아이가 신기한 듯 돌을 던져보거나
새하얀 백조들이 떠다닌다거나

호수하면 떠오르는 장면들
하나같이 낭만 그 자체인 것을.

브리엔츠 호수는 청록색의 빙하수였다.
마치 방금 짙은 물감을 풀어놓은 것 같았다.
그 위에 쏟아지는 햇살.
풀어놓은 물감은 따스한 햇볕을 만나
비로소 브리엔츠 호수만의 빛깔을 뿜어냈다.

유람선에 탄 상태로 호수의 약한 출렁임에
내 감각을 맡겼다.
호수 속에 빠질 순 없지만
이렇게라도 가까워질 수 있으니 다행이다.

유람선 종착역에 도착해
브리엔츠 마을을 잠시 돌아보니
조금 전 따스했던 햇볕이
이 마을의 벤치와 나무들 사이로
무척이나 강하게 내리쬐고 있었다.
브리엔츠 마을에 형광등을 켜듯 쨍하게
내리쬐는 햇살이 새삼 뜨겁게 느껴졌는데
빛이 비치는 풍경이 너무 아름다워
이렇게 부서져도 좋을 것 같았다.

호수의 빛깔을 만들기 위해
브리엔츠 마을을 비춰주기 위해
내려온 오늘의 햇살이
내게도 와서 부서져 줬으면.

브리엔츠 마을

요롤레이

반짝이는 미니 크루와상과 마음을 적시는 샹송이라하면
파리의 완벽한 조식 시간이라 할 수 있을까.

갓 구운 빵 냄새와 버터 향이 풍기는
스위스 어느 숙소의 조식 공간.
정면으로 아기자기한 정원이 보이고
더 멀리 아이거 북벽이 보이는
저기 저 오른쪽 창가에 앉아있는 40대 아주머니들.
생기발랄한 에너지가 넘치는 그쪽으로 시선이 향한 것은
바로 어디선가 들려오는 어여쁜 요들송 때문이었다.

영화 사운드 오브 뮤직에선
알프스산맥을 오르며 부르는 아이들의 순수한
요들송을 들을 수 있었다면

난 영화에서도 보지 못한
따뜻한 조식이 마련된 이곳에서

스위스 아주머니들의 우아하고도
귀여운 요들송을 들을 수 있었다.

내 마음도 덩달아 실로폰을 쳤던
그 순간.

스위스는 고요하고 차분하게
미소만으로 도시를 표현할 수 있을 것 같았지만
이 경쾌한 요들송에
활짝 짓는 큰 웃음도 꽤 어울린다는 것을 알게 된 아침.

스위스의 완벽한 조식이라 말할 수 있을까?

붓으로 그린 치유

전기자동차가 오가는 무공해 마을 뮤렌

스위스를 기억한다면 난 단연코 뮤렌을 떠올리겠어.

거친 소음과 먼지 한 점 없는 청정함.

그리고 붓으로 한 올 한 올 새겨 그린 알프스산맥의 나무들.

또 살짝 걸쳐놓은 구름은

따라 할 수 없는 치유였거든.

이태리

로마

지쳐도 다 보고 싶은 도시
인류 역사에 끼친 큰 영향, 그 매력

나보나광장

비눗방울을 쫓던

해 질 녘 로마에서 가장 아름답다는 핀초언덕.

콘도티거리와 코르소거리를 지나고 나서도 꽤 많이 걸어 언덕
에 오른 순간 크고 작은 비눗방울들이 흩날리고 있었다. 이곳엔
10센트만 넣으면 어릴 적 비눗방울 추억을 만들어주는 비눗방울
아저씨가 있다.

일곱 살쯤 돼 보이는 어린 소녀가 지칠 줄 모르고 비눗방울 아저
씨를 따라다니는데 사람들은 이 순간을 놓칠세라 셔터를 누르기
시작했고 카메라로 담기엔 아깝다는 생각에 잠시 멈춰 한참을 바
라보다가 그러다 아쉬워서 또 한 번 셔터를 누르곤 했다.

어린 소녀는 20년 후 내가 그랬던 것처럼 언젠가 사고 싶을 어
릴 적 추억을 아름답게 만들고 있었다.

정말 운이 좋게도 나는 그날 10센트를 주고 일곱 살, 그 소녀처
럼 비눗방울을 따라다니던 그때 그 순간으로 돌아갈 수 있었다.

다시 꿈속으로

뜨거운 태양 아래 이곳은 여전히 여름이다.
넓디넓은 포로로마노 밖으로 나와
캄피돌리오 광장으로 가는 길에
길거리 버스킹이 여러 군데서
펼쳐지고 있었다.

그중에 내 마음을
가장 깊게 건드리는 음악이 들려오는 곳으로
천천히 걸어갔다.
이 노래가 끝나면 많이 아쉬울 것 같았다.

앞에 앉아 다음 곡까지 한참을 듣다 보니
강렬한 해가 부드러운 빛으로 산화되고 있었다.
이 아름다운 음악이 그렇게 만든 것은 아닐까.

많은 관광객 틈에 싸여
꿈속에서 또다시 꿈속으로 들어온 것이다.

나에게 로마라는 땅도 꿈이었는데
로마 길거리 한쪽 모퉁이에
또 다른 꿈의 공간이 있었다.

나한테 필요한 것이 멈춤이었다고
확신할 수 있는 순간이었다.
지금 내가 이 멋진 음악과 꿈같은 장면에 취해
잠시 멈춘 것처럼.

왜냐하면 지금 이 순간이 정말 행복하니까.

음악에 이끌려

잠시 멈춘 그 곳

포로로마노

로마에서 가장 좋아하던 곳이기도 하며
언제나 관광객들로 붐벼 활기가 넘치는 스페인광장은
영화 로마의 휴일에서 오드리 헵번이
아이스크림을 먹던 장소로도 잘 알려져 있다.
처음엔 영화가 만들어낸 우아한 이미지일 거란 생각에
크게 기대하지 않았는데 한낮 스페인광장을 보니
정말이지 사랑스러워서 내가 만약 영화감독이라도
이곳을 놓치지 않을 거라 생각했다.

나도 열세 번째쯤 되는 계단을 향해 쭉 올라가 앉았더니
정면으로 보이는 분수대와 콘도티 거리를 오가는
많은 사람이 보이는데 그 모습만 구경하고 있어도
스페인광장의 매력을 느낄 수 있었다.
생생한 이 거리의 전체적인 모습을 관객의 입장에서
바라볼 수 있고 스페인광장만의 기운까지 느낄 수 있어
새로운 기분이 들게 한다.

그런데 스페인광장의 밤은 더 매력적이라는 것.
초여름같이 아직은 선선한 밤에
근처 공원에서 피크닉을 하고 있으면 불어오는
기분 좋은 바람을 느끼듯이
밤공기를 마시고 싶은 적절한 온도에
모든 사람이 즐거움을 안고 광장으로 온 것처럼
유쾌함만이 남아 있는 이곳 스페인광장.

아홉 시가 지나고 열 시가 지나도 북적이는
스페인광장의 계단에 앉아 있으면
오늘은 집에 들어가기 싫은 밤이 돼 버린다.

로마의 골목은 이리저리 걸어 다니는 것이 제맛이지만
홀린 듯 온종일 돌아다니다 보면
꽤 지칠 때도 있을 것이다.
하지만 딱히 걱정 할 필요도 없다.
오늘의 쌓인 피로를 훌훌 털어버릴 수 있는
로마의 쉼터 스페인광장이 있기 때문이다.

바티칸

1㎢도 안 되는 면적

천 명이 안 되는 인구

미켈란젤로

영감을 받는 곳

마음의 정화

로마에서 바티칸까지는 몇 걸음이나 될까.
바티칸에 발을 딛는 순간
로마와는 전혀 다르다는 걸 느낄 수 있다.
로마의 몇 천년 세월의 흔적을 가진 유적들에 둘러싸여
낭만적인 골목길을 걷다 보면
세계 각국의 언어들이 쉴 새 없이 들리는데
혼자여도 재미있다는 생각이 든다.

반면 바티칸은 경건하고도 영혼이 정화되는 듯
좋은 에너지를 한 몸에 느낄 수 있다.
유독 맑았던 바티칸 하늘에 영원히 쏟아질 것 같은
깨끗한 물방울 앞에서
이제 유럽의 마지막 밤을 보내야 하는
숙소로 돌아가고 싶지 않다는 생각을 했다.
이번 여행이 이렇게나 애틋한 건
마지막 일정이 바티칸이었기 때문이라고
아쉬움을 뒤로 한 채 깊이 감사하면서
바티칸 박물관을 떠났다.

에필로그

잠시 멈춤을 선택한 지 얼마 지나지 않았다. 책을 마무리하며 지난해를 돌아보니 시간이 참 빠르게 간다는 생각이 든다. 내 인생에서 아주 큰 선택이라고 생각했는데 나는 여전히 방송일을 하고 있으며 내 일상은 더욱 반복적이고도 고요해졌다. 여전히 하루를 열심히 살아가고 있다. 기적은 기적처럼 다가오지 않듯이 삶의 변화가 소리 없이 이루어지고 있는지도 모르겠지만 잠깐 멈추는 것에 대해 뜨겁게 고민하고 걱정했던 것에 비하면 아무런 일도 일어나지 않은 것 같다.

하지만 분명한 변화는 있다. 인생의 속도에 대해 조금은 너그러워졌고 일상에서의 여유를 일부러라도 만들어서 즐겨보려고 자주 노력한다. 앞으로 살아갈 삶에 대해 국한하지 않고 자유롭고 다양하게 생각하기 시작했다.

앞으로 더 큰 고민과 걱정이 찾아올지도 모른다. 여전히 내 앞에

주어진 일상을 잘 헤쳐나가기 위해 고군분투할 때도 있겠지만 이제 그 전의 길로 똑같이 돌아갈 순 없다. 멈춰 서 선택한 길 위에서 스스로 여유를 만들고 안정을 더해 혜안을 찾아갈 것이다.

　내면화하기 위해 노력하고 있는 느린 템포, 여유가 이 책의 에너지로 담겼으면 하는 소망이 있다.

　책이라고 하기엔 부끄러울 만큼 짧은 에세이지만 누군가에게 특별한 순간을 선물해줄 수 있는 책이었으면 한다. 내가 좋아서 하는 일에 최선을 다해 만든 결과물이지만 글에 담긴 긍정적인 에너지가 또 다른 씨앗이 되어 다른 사람에게 도움이 되면 더욱 행복할 것이다.

2019년 5월
혜인

유럽여행 에세이
오디오북

이 순간을
말한다면 _유럽

초판 1쇄   2019년 6월 27일
지 은 이   김혜인
펴 낸 곳   하모니북

출판등록   2018년 5월 2일 제 2018-0000-68호
이 메 일   harmony.book1@gmail.com
전화번호   02-2671-5663
팩   스   02-2671-5662

ISBN 979-11-89930-15-8 03920
ⓒ 김혜인, 2019, Printed in Korea

값 17,000원

이 도서의 국립중앙도서관 출판예정도서목록(CIP)은 서지정보유통지원시스템 홈페이지
(http://seoji.nl.go.kr)와 국가자료공동목록시스템(http://www.nl.go.kr/kolisnet)에서 이
용하실 수 있습니다.
CIP제어번호 : CIP2019018953